MW01222567

¡Oiga!
Déjeme hablarle de

Adviento
y Navidad

¡Oiga!
Déjeme hablarle de
Adviento y Navidad

ABUNDIO
PARRA SÁNCHEZ

LIBROS LIGUORI

One Liguori Drive ▼ Liguori, MO 63057-9999

Nihil obstat: Pbro. Lic. Antonio Ramírez Sánchez
Imprimátur: Mons. Jorge Martínez Martínez
Vicario Episcopal de la VIII Vicaría del Arzobispado de México
(Xochimilco, D. F. - 2 de abril de 1992)

ISBN 0-7648-1244-0
Número de la tarjeta de la Biblioteca del Congreso: 2005929906

Propiedad Literaria © 2005, Libros Liguori
Impreso en Estados Unidos
05 06 07 08 09   5 4 3 2 1

Edición en español exclusiva para los Estados Unidos y publicada por Libros Liguori, una marca de Liguori Publications.

Todos los derechos reservados. Ninguna parte de este folleto puede ser reproducida, guardada en un sistema de computadora o transmitida sin el permiso por escrito de Libros Liguori.

La Editorial Liguori es una institución con fines no lucrativos y es un apostolado de los Redentoristas de la Provincia de Denver. Para conocer más acerca de los Redentoristas, visite la página web Redemptorists.com.

Para pedidos, llame al 1-800-325-9521
www.liguori.org

Índice

Introducción

¡Feliz Navidad! Este es un augurio inmediato en el mes de diciembre que surge de los labios de cualquier persona. Al pronunciarlo, nadie se pone a reflexionar sobre cuándo apareció, qué consecuencias tiene o con qué disposiciones del corazón debe decirse. Simplemente se dice, con él se saluda… y así hay que hacerlo. Sin embargo, saludar de ese modo no va más allá del "¡Hola!" latino, "¡Ciao!" italiano o "¡Hi!" inglés. En cambio, cuando alguien da un "¡Feliz Navidad!" consciente, su augurio se vuelve riesgo y compromiso con cuantos en la historia han aprendido a saludar de esa manera.

Es un riesgo porque, al decirlo, se corre el peligro de malinterpretar su sentido; es decir: se puede confundir con una fórmula de saludo, propia de fin de año, pero sin acentuar el por qué ni cómo se dice. Es un riesgo porque se supone que como todo mundo lo dice, también yo debo decirlo por vivir entre la gente que así se saluda, en esta cultura y en este tiempo de fin del año.

En tal caso, ese saludo reflejaría una simple costumbre y la forma de vivir en esta comunidad que lo usa.

Pero decir "Feliz Navidad" también puede representar un compromiso. Para entenderlo, hay que atender a sus elementos: el calificativo "Feliz", y el sustantivo, "Navidad".

Si alguien recibe un premio "lo felicitamos". Aunque no le digamos "feliz", reconocemos que se encuentra en un estado de euforia y compartimos su alegría por tener mayores recursos económicos (lotería), suerte (premio) o conseguir un beneficio social que va de obtener una pensión mayor a un trabajo seguro, de la adquisición de un departamento o casa a la aprobación para ingresar a un colegio o universidad de prestigio. En pocas palabras, al "felicitar" a alguien o llamarlo "feliz" compartimos su alegría, que además de "suerte", tiene una perspectiva de vida más segura, mejor y plena.

En cambio, el término "Navidad" es un apócope o —en palabras menos sonoras — una palabra mocha de "natividad" (nacimiento) que se refiere, concretamente, al de Jesús, personaje central de los evangelios, del Nuevo Testamento, de todas las comunidades cristianas y de la historia. Decir, entonces, "Feliz Navidad" es como decir una clave para ingresar a un lugar exclusivo; es como tener una fórmula especial y conocer el secreto que identifica a quienes pronuncian esas palabras.

Por otra parte, pronunciar un "¡Feliz Navidad!", consciente y digno, también resulta una responsabilidad histórica, puesto que deja de ser una simple frase del lenguaje común para volvernos coherentes con el pasado, comprometidos con el presente y de camino hacia el porvenir. Por ello, si el "¡Feliz Navidad!" que decimos como cristianos no aviva a quien se lo decimos o no lo renueva en sus actitudes y sentimientos, el recuerdo de esa fecha (nacimiento de Cristo), no pasará de ser un suceso más del calendario social y cultural de nuestra época, pero no invitación que lleve a ser diferentes; o evocación y provocación para su fe; ni esperanza que lo lleve a mirar a los demás y a la vida como cristiano, es decir, como alguien consciente de que la vida tiene sentido más allá del que normalmente se le da y más arriba del bienestar por el que trabajamos.

Este librito, "Adviento y Navidad", quiere proponer dos cosas sencillas: en primer lugar, datos que explican el origen de la navidad cristiana y algunas costumbres navideñas entre los católicos latinos; luego, una propuesta para vivir mejor el tiempo de la Navidad y del Adviento que la prepara, repitiendo ritos añejos, meditando los textos de Mateo y de Lucas que señalan su origen y reflexionado sobre las propuestas de la Liturgia para este tiempo.

A. Tomás Parra Sánchez
Tláhuac, México
Navidad 2003

PRIMERA PARTE

El Origen da la Navidad

(Siglos I-V)

E ntre los cristianos de los primeros siglos no fue tan significativa la celebración del nacimiento de Cristo, a pesar de que no faltaban celebraciones sobre los onomásticos y aniversarios de personas como Herodes, en cuyo aniversario le cortaron la cabeza a Juan Bautista (Marcos 6,21). Sin embargo, lo que más interesaba en tiempos antiguos no era tanto el comienzo de la vida sino lo que se hacía con ella, esto es: la realización de un buen gobierno o de una gran construcción, el final de una empresa o guerra y las consecuencias de una nueva era o la muerte de un gran héroe que había traído paz y una nueva organización social. Estos inicios, que en realidad eran más bien el final de la vida, sí eran significativos a los que se consideraba el fin de un tiempo de tinieblas o destrucción y el principio de un tiempo renovado que sembraba esperanza para todos.

Por ello, para comprender el origen de la Navidad cristiana debemos tener presentes tanto los diversos tipos de cristianos de los primeros cinco siglos de la era cristiana o actual, como las circunstancias culturales en que vivieron en Oriente y Occidente.

1. Los primeros cristianos

Con frecuencia muchos suponen que el cristianismo surgió de la noche a la mañana y que, en los primeros siglos de la era común o actual, todo resultó más o menos bien, a excepción de algún imprevisto. Los mismos cristianos suponen que los discípulos de Jesús lo siguieron hasta su cruz y tumba, tuvieron apariciones de Cristo resucitado y luego se separaron para misionar por el mundo conocido: de Jerusalén hasta Roma, de España al Norte de África, de Siria hasta la India o bien de la isla de Chipre hasta el límite norte del Imperio romano en tierras de los actuales países de Bélgica, Alemania, Checoslovaquia, Hungría y Rumania.

Varios tipos de comunidades

Mirando con detenimiento tanto los textos del Nuevo Testamento como los datos que vienen de otras fuentes históricas, las comunidades cristianas primitivas sobrevivieron sólo después de un largo proceso de desarrollo: tuvieron fracturas, malos entendidos y dificultades en su misión; discutieron por sus diferencias en la presentación del mensaje de Jesús; polemizaron por sus aciertos innegables y algunos errores que las llevaron a dividirse, sentirse extrañas unas a otras y también a pelearse entre sí, echarse en cara errores y recriminarse unas a otras como herejes, apóstatas y provocadoras de división.

Pero el historiador señalará que estas divisiones no eran causadas por mala voluntad de unos cristianos contra otros, sino simplemente resultaron el fruto de diversos modos de entender y aplicar el evangelio de Cristo. Además, al aplicarlo a las diversas culturas del Imperio romano o a su difusión entre los no creyentes de los antiguos territorios de Egipto, Mesopotamia, Media, no siempre los antiguos cristianos llegaron a un acuerdo satisfactorio para todos, ni todos estaban dispuestos a ver los misterios de la fe o bien a interpretar las palabras de Jesús en el mismo sentido.

Estas diferencias se vieron, por ejemplo, en el llamado Concilio de Jerusalén (Hechos 15), en que unos pretendían que los nuevos convertidos deberían ser "un poco judíos", circuncidándose y observando algunas costumbres suyas; mientras que otros sostenían que la conducta entre los cristianos se salvaría respetando con discreción las formas de vida judía, pero siguiendo un propio camino.

En pocas palabras, quien lee con cierta atención los Hechos de los Apóstoles notará que Lucas, su autor, menciona varios tipos de comunidades cristianas que tuvieron que aprender a convivir entre sí: la de los judeocristianos de Jerusalén, ortodoxa y ligada a Santiago (1-5); la de los judeohelenistas, también de Jerusalén, dirigida por diáconos (6-7); las de los samaritanos y cristianos de las costas de la antigua Palestina abiertas a los evangelizadores que pasaban por ahí (8-12); la profética y misionera de Antioquia (13); y las fundadas por el apóstol Pablo y otros cristianos laicos en Roma o bien en los territorios de la actual Turquía (14-21).

¿Divisiones entre cristianos?   Evidentemente, todas estas diferencias de cultura y geografía, de idioma y cercanía o alejamiento de la capital del Imperio (Roma, primero, y Constantinopla, desde el siglo IV en adelante) se reflejaron también en sus concepciones religiosas, ritos y prácticas sacramentales, en sus celebraciones de fe y en la manera diversa de comprender, vivir y testimoniar el mismo mensaje del evangelio, pero con diferentes rasgos.

Un ejemplo más. Cuando varias comunidades cristianas del basto Imperio Romano se reunieron en el año 325 para celebrar su primer concilio ecuménico en Nicea (ciudad de la antigua Asia Menor, hoy Turquía), convocaron a los pensadores, teólogos conocidos, pastores de diversas partes del imperio y representantes de comunidades locales, pero no se les ocurrió invitar a los representantes de otras comunidades fuera al Imperio o que se distinguían sensiblemente, como la de los judeocristianos y los grupos gnósticos que presentaban el mensaje cristiano con su propio lenguaje filosófico y religioso, ajeno al de las demás. Ciertamente, la razón de su ausencia del Concilio no fue motivada por una exclusión consciente o para echarles en cara su sectarismo, sino la de confrontar los logros de las comunidades invitadas, acomodar la tradición recibida de los apóstoles a sus culturas locales y el interés de unirse precisamente para evitar mayor alejamiento, división y ahondar las diferencias en el lenguaje de la fe que todas compartían.

Por último, como la teología no era uniforme para todas, y cada comunidad se sentía más o menos autónoma de las demás (por historia, pago de contribuciones económicas a la capital del Imperio, trato preferencial de éste o bien por el legítimo deseo de retener su independencia cultural), las comunidades, aun siendo cristianas, tenían intereses litúrgicos diferentes y no compartían la misma cultura y forma de vivir la fe.

Este fue el caso de la Navidad y de todo el período en que se celebra, de los ritos que la rodean y de su fecha y modo de celebración.

En línea general, mientras a las comunidades del Oriente llamaba más la atención el misterio y revelación de Jesús como Dios en los momentos de su epifanía a los magos de Oriente (Mt 2,1-12), en su bautismo en el Río Jordán con la voz del Padre que lo presenta como su Hijo Amado (Mateo 3,13-17; Marcos 1,9-11; Lc 3,21-22) y en el primer signo o señal de Jesús en la boda de Caná al multiplicar el vino (Juan 2,1-11), a los cristianos de Roma interesaba más precisar la fecha de su nacimiento, evidencia y consecuencia de su encarnación humana, para vivirla como una nueva era, un tiempo de restauración universal en una fecha exacta de celebración.

Comunidades orientales y occidentales

Lo anterior se sigue viendo y viviendo cada año entre los peregrinos que viajan a Tierra Santa: mientras los cristianos católicos de Occidente se apretujan en Belén el 24-25 de diciembre; los griegos ortodoxos lo hacen el 5-6 de enero. ¿Y cuál es la diferencia? Una fecha (el 25 de diciembre o el 6 de enero) para celebrar el mismo misterio, pero desde un enfoque diferente: el origen humano de Jesús o su celebración en cuanto Dios.

2. ¿Cuándo nació Jesús?

Por las circunstancias y características históricas del calendario actual, la Navidad que celebra el nacimiento de Cristo, aparece a muchas personas, cristianas o no, como una fiesta de fin de año. Además, como este fin de año coincide con el principio del invierno, la Navidad se les presenta entonces como una festividad del invierno, del mismo modo que la Pascua parece serlo de la primavera, y las vacaciones como tiempo de ocio del verano. Estas confusiones que nos dejaron los cristianos antiguos no toman en cuenta, por ejemplo, que en Argentina, Chile y toda la zona sur de los continentes, la Navidad es fiesta de verano y no de invierno.

El registro de Jesús

Puesto que no todos los pueblos antiguos registraban los acontecimientos al estilo de la historia griega o romana (o según los criterios modernos), los cristianos de ascendencia judía no dejaron constancia de la fecha del nacimiento de Jesús, pero transmitieron que este suceso ocurrió en Belén y coincidió con el censo ordenado por Cesar Augusto, Emperador de Roma (30 a.C. - 14 d.C.), siendo Gobernador de Siria un cierto Quirino (entre el año 4 y el 1° a.C.).

Como el evangelista Lucas narra los acontecimientos de la salvación, acercándolos a la historia profana, en forma aproximada (Lucas 2,1; 3,1.23), los biblistas modernos suponen que tal evento ocurrió en torno al año 6 a. de C. Sin embargo, sólo hasta los siglos IV y V hubo interés en celebrar el nacimiento de Jesús en una fecha precisa. Para ello se adujeron razones de peso: una fecha que tuviese sentido y un motivo que ayudara a la fe y piedad de los seguidores de Jesús.

Primeramente, la Iglesia de Roma acostumbró cele-brar sus fiestas siguiendo un antiguo calendario lunar de 28 días o cuatro semanas. Consiguientemente, este ca-lendario se fija las fases lunares como marcas para seña-lar las semanas, los meses y años. Esta es la razón por la que en la Iglesia Católica, su "Año nuevo" no coincide con el 1º de enero del año civil ordinario, sino con la tarde del sábado anterior al primer domingo del Advien-to, el más cercano a la fiesta de San Andrés Apóstol, el 30 de noviembre.

Calendario lunar de la Iglesia

En segundo lugar, cálculos astronómicos y datos anti-guos señalan algunos elementos importantes que ayuda-ron a relacionar la fecha del 25 de diciembre con el ani-versario del nacimiento de Cristo.

El Faraón egipcio Amenemhet l fijó el solsticio de in-vierno (fecha de mayor alejamiento del sol del ecuador terrestre) en la noche que va del 5 al 6 de enero. Con el pasar del tiempo, esa fecha se fue corriendo hasta que en los siglos III y IV de la presente era se retrasó semejante solsticio hasta el 25 de diciembre. En otras palabras, tal fecha (25 de diciembre) era ocasión de celebración para los romanos que llegaron a asumirlo en su calendario como una fecha significativa.

En el siglo II antes de Cristo, los judíos llegaron a ce-lebrar la dedicación del templo de Jerusalén, la Hanukáh, en el mes de diciembre como consta en el Primer Libro de los Macabeos (4,52-59). También en este caso, a los ojos de los cristianos de los primeros siglos, esa fecha de diciembre para celebrar la luz del nuevo templo les hacía cosquillas y les provocaba una legítima añoranza religiosa y el deseo, si no de celebrarla sí de imitarla de alguna manera, aludiendo a Cristo, "Sol de justicia" de algunos textos en torno al Mesías (Isaías 60,1-2; Malaquías 3,20).

Pero el dato más antiguo de la importancia del 25 de diciembre para los cristianos viene del año 354, como consta en el antiguo calendario de Furio Dionisio Filócalo, quien en esa fecha recordaba el nacimiento de Cristo. Del mismo parecer fueron dos grandes teólogos orientales, San Gregorio de Nacianzo quien testimonia que la navidad ya se celebraba en Constantinopla (Turquía) en el año 380; y San Juan Crisóstomo quien, en un sermón en el año 386, afirmaba que ese día era el aniversario de la Natividad de Cristo, como la celebraban los cristianos de Occidente. Un tercer dato del Oriente llegó a través de San Cirilo de Alejandría quien en torno al año 430 notificaba ya la existencia de la fiesta de la Natividad de Jesús en Alejandría de Egipto.

Sin embargo, para comprender mejor la fecha de celebración de la Natividad de Jesús o Navidad cristiana el 25 de diciembre hay dos argumentos históricos de relieve: uno se refiere a los datos comunes a muchos pueblos que registra la ciencia moderna llamada Fenomenología religiosa o Fenomenología de la Religión. Otra, deriva de las razones históricas prácticas que llevaron a la fijación de esa fecha en la Iglesia de Roma.

Entre los pueblos, es común tratar de descalificarse mutuamente con sometimientos de unos sobre otros. Cuando surge un vencedor, este impone su cultura, sus ritos y fechas de celebración. Para ello, por una parte combate las tradiciones religiosas y civiles de los pueblos vencidos; y, por la otra, impone sus propias fechas como adecuadas para celebrar, festejar, conmemorar y perdurar.

Trasladando esta historia a la religión, ocurre lo mismo. Los conquistadores españoles de México y de toda América latina sustituyeron tanto los antiguos lugares de culto y los calendarios festivos de los dominados suplantándolos con los propios. Por ello, la actual Catedral de México esta ubicada en el sitio del antiguo templo sagrado para los aztecas de Tenochtitlan. Lo mismo puede valer para lugares como el Cerro del Tepeyac, hoy sede de la Basílica de Nuestra Señora de Guadalupe; el santuario de Nuestro Señor de Chalma está ubicado sobre una gruta anterior, dedicada a divinidades locales; el templo de Cholula sobre la mayor pirámide en territorio mexicano. Lo mismo ha ocurrido en otras partes del mundo y con otras religiones. El antiguo campo de concentración de Dachau en Alemania, cerca de Munich, está parcialmente ocupado en la actualidad por un monasterio de monjas carmelitas; la Mezquita El Omar de Jerusalén está en el lugar del antiguo templo judío; La mezquita principal en Estambul (la antigua Constantinopla) ocupa la Basílica cristiana de Santa Sofía.

Lo mismo vale para las fechas. Los cristianos de los

primeros siglos trataron de imponer sus propias fechas de celebración sobre otras anteriores, judías o paganas. De este modo, la Pascua cristiana se acomodó en la misma fecha de la judía; y la celebración de la Navidad o Natividad de Jesús se acomodó a una fecha antes significativa para los creyentes de otras religiones romanas o contemporáneas a ellos.

Fijación del nacimiento de Jesús Por los datos que se tienen, el 25 de diciembre pareció a las comunidades cristianas de Roma y Occidente una fecha propicia para fijar la aparición de Cristo como salvador. En primer lugar, en tal fecha, los romanos y otros creyentes de diversas partes del Imperio celebraban el nacimiento de Mitra como divinidad solar. Lo mismo hacían en Alejandría de Egipto quienes con una procesión en la noche del 5 al 6 de enero llevaban a la diosa Kore procesionalmente por haber engendrado, esto es, por ser madre y virgen a la vez.

En segundo lugar, algunos autores señalan que la fecha del 25 de diciembre fue fijada por el Emperador Aureliano en 274 como la fiesta del Natalis Solis Invicti o "Nacimiento del Sol Victorioso". Evidentemente, para los habitantes del Imperio, Mitra era ese dios vencedor de las tinieblas, de modo que con la fiesta se pretendían apaciguar y unir a la mayoría de las comunidades locales ofreciendo la imagen de una religión imperial.

En tercer lugar, algunos testimonios como el de San Agustín señalan que Jesús, siendo Dios y hombre a la vez, habría sido generado un 25 de marzo (actual Solemnidad de la Anunciación) y en idéntica fecha habría muerto. En consecuencia, su aparición humana habría ocurrido el 25 de diciembre, a los nueve meses de concebido.

Por último, en los primeros tres siglos y medio de cristianismo se sugirieron también otras fechas oportunas para celebrar el nacimiento de Cristo en diversas comunidades, como el 21, 23 o 28 del mes de marzo; el 14, 19 o bien el 20 de abril; e inclusive, el 17 de noviembre y 25 de diciembre.

Esta última fecha, la del 25 de diciembre triunfó entre las demás y se rodeó y justificó muy pronto con razones bíblicas, teológicas y simbólicas.

¡El 25 de diciembre!

Primeramente, los textos mesiánicos sobre el "Sol de Justicia" (Isaías 60,1-2; Malaquías 3,20) fueron referidos automáticamente a Cristo por los cristianos. A ellos, se añadieron otros del Nuevo Testamento en que se le presentaba como el "Sol celeste" o "Sol que viene" (Lucas 1,78) en el Himno de Zacarías; y otros más del Evangelio de Juan en que Cristo aparece como "Luz del mundo" (Juan 1,5; 3,19; 8,12; 12,46).

A fin de cuentas, ¿quien mejor que Jesús, la "Luz verdadera que viene a este mundo" (Juan 1,9), era capaz de encarnar la salvación bajo la imagen de la luz? Por otra parte, si ya los romanos entre quienes se difundía el evangelio ampliamente contaban con una fiesta con el tema de la luz, era fácil, posible y hasta conveniente sustituir el nacimiento del dios pagano Mitra con el de Cristo, Hijo de Dios, Mesías y Salvador del mundo.

El siguiente paso fue sencillo. El intercambio entre cristianos entre las diversas partes del Imperio Romano, la misión de muchos evangelizadores que viajaban de un lugar a otro, la decadencia pagana dentro del Imperio, el ascenso de Constantino, Emperador favorable a los cristianos, impulsado por su madre ya cristiana (Santa Elena) y, por supuesto, la celebración del Primer gran Concilio Ecuménico en Nicea (el año 325) favorecieron el ocaso del paganismo y el surgimiento del cristianismo, impulsor de una nueva era, con su fiesta del "Nacimiento de Cristo" por delante.

Así pues, el 25 de diciembre no es el día en que se registró el nacimiento de Jesús en los Anales de Roma o de la Palestina judía de entonces, sino una "fecha religiosa" en la que los cristianos de los primeros siglos aprendieron a reconocer la presencia histórica de Jesús entre los seres humanos.

SEGUNDA PARTE

La Navidad del Pueblo

(Siglos VI–XXI)

A l hablar de la devoción popular en la Navidad, la imaginación vuela del "Nacimiento" y Reyes Magos de los latinos al árbol de los anglosajones, al Santa Clos o Claus nórdico o también a la "Befana" italiana. Pero, las costumbres de los católicos de México como las de otros pueblos suelen acumular motivos: el "nacimiento" puede aparecer cerca y hasta debajo del "árbol"; y los famosos Santos Reyes y "Santa Clos" andan también por ahí, en armonía, según el estado de ánimo de quien celebra o de acuerdo a su carácter y capacidad de unir elementos para vivir una mejor Navidad.

Para comprender mejor los aspectos de esta religiosidad amplia navideña de los latinos conviene clasificarlos por áreas o campos: los personajes, el entorno, la piedad popular y el folklore.

La ruta de la piedad

1. Los personajes

En toda representación y actividad, los sujetos son los actores principales. Con motivo de la Navidad o en sus representaciones, folclóricas o devocionales, destacan algunos personajes en particular. Cada uno habla, significa algo, señala un acento o descubre una orientación particular. En conjunto, forman una sinfonía.

José

Es el hombre de la aceptación y del silencio; es el hombre de los sueños y el que mejor sabe guardar los secretos del cielo. Es aquel en quien Dios confía y el protector de la sagrada familia con su aspecto de hombre realizado, maduro, sensato y líder tranquilo e indiscutible de ese grupo familiar. Los relatos de la infancia de los evangelios de Mateo y Lucas lo presentan precisamente con esas notas: callado, acompañando a María y cerca de Jesús; como receptor de una información providencial para cuidar a la familia que se le ha encomendado; y también como modelo de un proceder agradable frente a Dios, esto es, atento, en escucha, decidido cuando conviene y siempre ahí cuando se le necesita, aunque no hable con la palabra humana sino más bien se haga sentir con ese grito que es el silencio.

María

Es madre y virgen, a la vez. Es agraciada y bendita, como la describe el Evangelio de Lucas, y quien entrega su hijo a la humanidad. Calla como José, pero habla cuando hay oportunidad para hacerlo o bien con actitudes: genera al Niño Dios; acepta la presencia de pastores y magos a su alrededor; vive internamente la angustia que Simeón anuncia para el futuro; se preocupa al perder al hijo en el templo, aunque se trate de devoción y culto; y también sabe recordarle que el camino del Mesías es obediencia, pero, también cuida y medita el misterio que lo envuelve. Ella es encargada de alimentar los primeros años del Mesías y encaminarlo por la vida. Aunque el papel del varón en la formación del hijo judío era significativo, ciertamente la madre no sólo daba alimento o lavaba los pañales, sino también cuidaba sentimientos y valores. La sensibilidad que Jesús mostró de adulto seguramente llevaba el sello de José, pero también la prudencia y dulzura de la madre. ¿A quien se habrá parecido más Jesús: a su madre o a José?

Es el niño, el Niño Dios. Como todo bebé, es signo de *Jesús* encanto, belleza original y vida que apenas asoma, nueva. Es el eje de la atención dentro de la familia y el motivo de las visitas o quien recibe los regalos de sus visitantes. Por ello, el simbolismo de cuanto es "pequeño" como este Niño Dios, se descubre al compararse con la vida del adulto. Si éste señala la seguridad y el éxito, así como lo complicado, el niño evoca la sencillez, la gracia e inocencia, la novedad y lo original como el paraíso. La función de Jesús niño en los evangelios de la infancia alude al plan divino: para manifestarse, Dios no quiso que Cristo se presentara como el adulto y fuerte Adán y Eva, sino en lo débil, humilde, sencillo y pequeño. Ese será también el papel de los extranjeros de Mateo, los pastores en Lucas y este tema del niño al que aluden numerosos textos mesiánicos del Antiguo Testamento (Gén 3,15; Is 7,14; 9,6-7; 11,1-5).

Magos de Oriente   Las figuras de los magos orientales representan el tema añejo de "el extranjero", "el otro", "el advenedizo", a veces odioso y odiado, que viene de un mundo raro, diverso de ése al que estamos ya acostumbrados. El Evangelio de Mateo habla de los magos que llegaron de Oriente a Jerusalén buscando al Rey de los judíos, guiados por una estrella. No dice que eran tres, número que se dedujo de los tres regalos (oro, incienso, mirra), ni que fueran reyes y, menos aún, que se llamaban Melchor, Gaspar y Baltasar, como nos ha transmitido la tradición popular. Estos nombres y cualidades de rey les derivaron de alguno escritos apócrifos como el Evangelio del Seudo Mateo que cita los nombres de los magos y habla de reyes.

Más que atenerse a personajes históricos, estas figuras evocan la imagen o el tipo de quien busca la verdad: "el peregrino". Se guían por los signos de la naturaleza y sólo descansan hasta llegar a su meta (Sal 72,10; Is 60,5-6). Por ello, si son leídos según la mentalidad judeocristiana del Evangelio de Mateo, estos magos son una crítica para los creyentes que se cansan y no buscan, como los sacerdotes de Jerusalén que conocen de memoria la Biblia al ser consultados por Herodes (Mt 2,1-12), pero no saben cómo ir a buscar a ese Mesías del que se interesó el mismo Herodes... pero para eliminarlo.

Pastores   Vistos con ojos modernos, son gente sencilla y pueblo común. En los esquemas de los hombres religiosos del tiempo de Cristo, eran considerados como pecadores, violadores de la Ley, impuros e injustos. El Evangelio de Lucas habla de los pastores que cuidan su rebaño pero en otra cultura: son avisados por ángeles sobre el nacimiento de Jesús y lo buscan no llevándole más que su decisión y miseria (Lc 2,8-20). Evocan la historia olvidada del Israel nómada, abierto a Dios y, por lo tanto, son el símbolo del creyente sencillo, como Abel, con el martirio al futuro. Aunque pobres o "fuera de la ley", por agravios a terceros o a la piedad, fueron los primeros cantores y apóstoles de Jesús.

Son los mensajeros de la verdad. Tienen que ver con un cielo abierto y volcado hacia la tierra y, por lo mismo, resultan el puente natural entre Dios y los humanos; son también los servidores del Creador y los reporteros de la humanidad en presencia. Por ello, su papel es comunicar verdad, alegría, paz y perdón de Dios. Tanto gustó este aspecto de mediación a los antiguos que nos los dejaron representados como niños: desnudos y con caritas felices, pero con alas.

Ángeles

El Ciclo de la Navidad comprende un tiempo de preparación (Adviento), la celebración central, Nochebuena o Vigilia de Navidad y su culminación y prolongación, el Tiempo de Navidad. Sin embargo, más que a la fecha, la tradición atendió a la noche, a la cueva, a la estrella y a los animales del pesebre como el entorno típico y propicio de la Navidad. Estos elementos, también comunes a otras religiones, reflejan un lenguaje con que las comunidades religiosas, incluida la bíblica, representan la cercanía de la Divinidad y que también nosotros, a pesar de ser tan técnicos y científicos, seguimos usando por su valor simbólico, emotivo, familiar y

2. El entorno

provocativo para otras esferas de la conciencia que rebasan la etiqueta y lo racional.

La noche La Iglesia acostumbra celebrar sus grandes misterios en la fascinación de la noche. De este modo, sigue perdurando un toque polémico contra las religiones paganas antiguas que reducían el misterio a una revelación para unos cuantos iniciados y elegidos. Por el contrario, la Iglesia celebra su "Nochebuena" igual que la Noche pascual, para revelar que el Hijo de Dios es la luz del mundo ya que consuela a Jerusalén en ese momento del día (Is 60,1-2) y "brilla en las tinieblas; aunque éstas no hayan podido contenerlo" (Lc 2,32; Jn 1,5; 8,12). En otras palabras: la revelación rompe el silencio, las tinieblas de la noche y el secreto y se ofrece a todos.

La noche — nos consta — aunque sea el fin del día, no es sólo oscuridad, sino también el inicio del día, despegue de la alborada, del amanecer y de la mañana. De este modo, la celebración del nacimiento de Jesús en la noche no es una costumbre "trasnochada" de la Iglesia, sino una lección a los sentidos, una catequesis al espíritu humano, un toque de gracia para la conciencia sensible y simbólica de toda persona capaz de captar mejor en la oscuridad el sentido de lo divino en su vida: como la enfermedad para quien quiere recuperarse o como la soledad para el que busca la compañía de los amigos.

La cueva La cueva sobre la que el Emperador Constantino mandó construir en el siglo IV la gran "Basílica de la Natividad" (reconstruida en el VI por Justiniano) es citada por escritores antiguos como San Justino, Orígenes y luego, por San Jerónimo y Cirilo de Jerusalén. Sus rastros más antiguos vienen también de un escrito apócrifo, el Protoevangelio de Santiago (17-18), tal vez acomodando el texto griego de Isaías 33,16 al hombre justo que contempla seguro desde una cueva la aparición de un rey en su esplendor.

Sin embargo, más allá de la discusión sobre quien usó primero ese motivo, la cueva es una imagen de la tierra y de la humanidad que la habita. Hasta ella baja el Mesías encarnado, quien no sólo asumió carne humana sino, literalmente, bajó hasta el corazón del lugar en el que vive la humanidad. La tradición se ocupó del resto: así como Cristo Dios nació en una cueva... desde otra, la de su sepulcro, volverá a la vida cuando resucite. En este sentido, la cueva de Belén señala no sólo abajamiento, humillación, enterramiento, sino también encarnación y seguridad. El mensaje de este símbolo es muy claro: tanto vale la humanidad encarnada, enterrada y entierrada, que Dios quiso vivirla naciendo desde una cueva.

La estrella

Todo astro repite y evoca los aspectos mesiánicos del Antiguo Testamento como la "Estrella de Jacob" que un antiguo vidente interpretó como signo futuro (Núm 24,17) y que la tradición bíblica asumió como sinónimo de mensajes celestes, señalamiento para una misión y signo de los cuidados providenciales con que Dios atiende a sus criaturas. Los evangelios de la Infancia (Mateo 1-2 y Lucas 1-2) no son ajenos a este simbolismo bíblico y, al dirigirlos a cristianos judíos y paganos, se sirvieron de ella para señalar el origen de Jesús: el cielo y el mundo de Dios. Ciertamente, Jesús no es una "estrella", al estilo moderno, pero tiene la suya, más evocadora de valores altos y sublimes que el de la belleza o el de un buena actuación.

El buey y el asno
Estos dos animales son los acompañantes tradicionales de Jesús en los "nacimientos". Su origen viene de una profecía del profeta Isaías: "El buey reconoce a su dueño y el burro, el pesebre de su Señor. En cambio, Israel no conoce ni mi pueblo entiende" (1,3). Otro texto del profeta Habacuc sobre la llegada de Dios entre animales, según la Biblia griega llamada Septuaginta, refiere algo parecido (3,2). Ambos textos sirvieron al autor de un escrito apócrifo, Evangelio de la Infancia del Salvador (86), para reforzar la idea del pesebre y de la cueva, señaladas en el Evangelio de Lucas (2,7). Por otra parte, bueyes y asnos, tan comunes en la cultura del pueblo latino hasta hace poco tiempo, no podían quedar fuera de la atención del pueblo, que usó también San Francisco de Asís en su primera representación navideña en la localidad de Greccio, Italia.

Pero la tradición navideña del buey y el asno junto al pesebre también tienen su lado simbólico: son el interés cercano del hombre antiguo, sencillo, campirano o campesino. Son parte de la naturaleza. Si participó una estrella del cielo como entorno del Mesías ¿no lo podían hacer también un par de animales tan conocidos por todos?

3. La piedad popular
En torno a la natividad de Jesús, la piedad ha usado nuevos elementos que proponen otros mensajes suyos. Entre los principales destacan los "Nacimientos", las

"Posadas", la figura venerable de "Santa Clos" y los numerosos villancicos (cantos con melodías y textos navideños), reflejo de la piedad popular que cree palpando, escuchando y viendo la salvación de cerca y de bulto.

Su primer representación fue patrocinada por San Francisco de Asís en Greccio, Italia, en 1223. El santo llevó al lugar una imagen del Niño Dios; involucró a algunas personas a figurar como María, José, pastores y magos; y añadió al buey y al asno citados en escritos apócrifos de los siglos IV-VIII (como el Evangelio árabe de la infancia del Salvador) para rellenar los pocos datos de los evangelios sobre el nacimiento de Jesús. Estos "nacimientos" o Belenes proliferaron en Nápoles en figuras de loza y porcelana (a final del siglo XV) que posteriormente se difundieron mucho en los dominios españoles de tradición católica con su José, Niño Jesús, María, pastores y reyes nuevos y otros más, típicos del folclore local.

El Nacimiento

El Evangelio de Mateo habla de unos magos de Oriente que llegan hasta Belén para saludar al recién nacido, Rey de Israel (Mt 2,1-11). El texto contiene una catequesis con que el evangelista muestra a los cristianos de procedencia judía el origen de Jesús y su presencia entre los hombres, de acuerdo a las Escrituras, a la vez que su mensaje de paz para toda la humanidad.

¿Magos, reyes o Santos Reyes Magos?

En su relato, el Evangelio de Mateo aplica a la visita de los magos algunos textos del Antiguo Testamento: la estrella de Jacob señala el liderazgo y poder de aquel a quien señala (Números 24,17); el Mesías nacerá en Belén, pueblo de David y quien vendrá será un "Hijo de David" (Miqueas 5,1); de acuerdo a la cultura oriental, ante Dios se postran los extranjeros ofreciéndole lo mejor que tienen, el oro, el incienso y la mirra (Salmo 72,10-11.15; Isaías 49,23; 60,5); y otro más sobre el profeta de Dios que vuelve de su misión por un camino diverso al de ida, esto es, que va a todas partes, sin residir en ninguna en particular, como lo hará el Cristo evangelizador adulto (1 Reyes 13,9-10).

El evangelista Mateo presenta estos magos a los cristianos destinatarios del evangelio como representantes de un mundo alejado y pagano, testigos de la fe del "extranjero piadoso" (no considerado en Israel), peregrinos de la fe y de la esperanza, y signo de que la naturaleza admirada por ellos (estrella, cielo, signos naturales) puede conducir al auténtico creyente hasta Dios.

Por último, mientras Mateo habla de la visita de unos paganos a Jesús, la tradición cristiana popular posterior los convirtió en tres reyes, a quienes llamó Melchor, Gaspar y Baltasar; los hizo venir de Persia (actual Irán), de India y África, de acuerdo a algunos relatos apócrifos de los siglos V-VIII, montando sus respectivas cabalgaduras; y, luego, los asumió como santos, cuyas reliquias, ya veneradas en Oriente, fueron llevadas de Constantinopla a Milán y de ahí fueron a parar a Colonia, en Alemania.

Las Posadas Los nueve días anteriores a la Navidad, entre el 16 y el 24 de diciembre, constituyen el mejor novenario de la Iglesia. Su acomodación para las posadas, tradicionales al Sur del Río Bravo, se atribuye a Fray Diego de Soria, un fraile agustino de Acolman, quien las promovió a raíz de un permiso del Papa Sixto V. Originalmente, se les llamó "misas de aguinaldo" y, luego, derivaron en lo que los latinos celebran como "Posadas", esto es, pequeñas procesiones de casa en casa, en pueblos y colonias, o dentro del mismo hogar buscando una posada para los peregrinos María y José.

Santa Clos o
Santa Claus

Ambas denominaciones parecen ser fruto de una corrupción del "Saint" inglés y de un apócope de Nicolás. Este santo fue Obispo de Mira en Turquía y benefactor de pobres (siglo IV). Al difundirse su culto por todo el Norte de Europa, su imagen sufrió los acomodos que conocemos: el anciano bonachón y risueño, cargando una gran bolsa de juguetes, vestido de rojo y con un gorro blanco y viajando por los aires en un trineo tirado por alces o renos, y metiéndose por la chimenea de las antiguas casas.

Villancicos

Son composiciones poéticas musicalizadas, parecidas o derivadas, probablemente, del género "Serranilla", cuya paternidad se atribuye al Marqués de Santillana (1398-1458). Algunos villancicos son tradicionales y universales como el "Adeste fideles" ("Vengan, fieles…", en latín) y "Noche de paz".

Por ejemplo, la tradición mexicana conoce numerosos villancicos propios o heredados y traducidos de otros idiomas. Entre ellos están: Veinticinco de diciembre, El gloria de los ángeles, Ya nació nuestro Redentor, El pastorcillo, Arrullo y cuantos la piedad, folclore y tradición navideña de los pueblos han creado para vivir el llamado "espíritu navideño".

4. Folclore y piedad

En torno a la Navidad hay elementos pastoriles que le dan más colorido. Entre otros, los elementos más comunes son la pastorela, el árbol, la cena navideña y las piñatas.

La pastorela

Representación teatral derivada del teatro religioso español, al final de la Edad Media (siglo XIV) y de los "Misterios", escenificaciones bíblicas con trasfondo moralizador. En la mayoría de las pastorelas mexicanas intervienen personajes ya clásicos como José, María y el Niño Jesús; algunos otros como el Arcángel Miguel, Luzbel o demonio, la "pastorcita Gila", "el ermitaño" y, ocasionalmente, "el indio". Sus temas, además de navideños, con tonos risueños, evocan situaciones de la vida ordinaria y contienen también mensajes.

Árbol de Navidad

Hay diversas tradiciones sobre su origen. Una sugiere que es acomodación del "Encino del dios Thor", símbolo de fertilidad y residencia del espíritu del bosque, por haberse aparecido ahí la divinidad o bien por considerársele el centro del mundo como el "Árbol del paraíso" bíblico (Gén 2,17; 3,3-6). Otros piensan que su uso derivó de los autos sacramentales, uno de los cuales aludía al paraíso. Como tal auto se representaba en atrios y plazas con el árbol del paraíso, a éste se le cargaba de manzanas y regalos para la escenificación. Luego, la tradición dejó al árbol solo, como evocación del contenido de aquel auto; y, finalmente, como motivo de Navidad.

Es la comida realizada en la noche de Navidad. La costumbre deriva, posiblemente, de las mismas circunstancias de la fiesta. Comer, antes y ahora, para celebrar una fiesta o acontecimiento conlleva siempre jolgorio, festejo y entrega de regalos para favorecer la alegría común y al festejado. Los platillos son, evidentemente, los propios de cada país y región hasta la costumbre del actual pavo de origen indígena, alias guajolote, cócono o güilo.

También en este caso, el comer festivo puede evocar otros motivos religiosos a los que se ha prestado poca atención como son, entre otros la antiquísima y bíblica cena de la pascua que incluía el rito de una comida de todo el grupo familiar; o también la idea del banquete mesiánico junto a Dios, citado en algunos textos de la Escritura como lo fue, por ejemplo, la "comida del día de muertos" en México para participar con los difuntos en un banquete de solidaridad común ante el misterio de la muerte; o también, en los tiempos más cercanos a nosotros, la designación de la eucaristía como el "viático" del cristiano, esto es el acompañamiento alimenticio o vitualla y el tema del maná o "panis angélicus" (Isaías 25,6; Salmo 78,24-25; Mateo 22,1-10; 25,1-13; Apocalipsis 3,20).

Actualmente no hay fiesta de niños en que no se rompa una piñata, normalmente una olla o recipiente similar con figura de estrella, figura mítica o personaje, llena de fruta y golosinas.

Se cree que la piñata llegó muy posiblemente del Oriente (China) a Italia en tiempos del viajero veneciano Marco Polo (1254-1324), de donde se habrían difundido por todo el mundo, encontrando especial arraigo en México y algunos países de América hasta ir a terminar en las actuales fiestas infantiles.

Hay testimonios del uso que de ellas hicieron los misioneros para representar la victoria del bien sobre el pecado. En esta catequesis, los contenidos de la piñata representaban los placeres mundanos; quien intentaba romperla era el símbolo del creyente; y el palo para hacerlo, la fe o alguna virtud, el bien o, más generalmente, su conjunto.

El aspecto festivo de esta diversión o costumbre folclórica con su sentido de sorpresa y alegría comunitaria señala bien el porqué de su acomodación navideña.

Corona de Navidad

Aunque este símbolo lleva el nombre de "Corona del Adviento", su finalidad es preparar y orientar hacia la Navidad. Esta corona que se confecciona al principio del Adviento, ordinariamente la primera semana de diciembre, y con un aro o base redonda de ramas terciadas, con cuatro velas de diversos colores que se encienden a medida que avanza ese período litúrgico del Adviento, señala varias cosas.

En primer lugar, su redondez alude al tiempo cíclico y eterno, a la duración permanente y omnipresente no del tiempo sino del misterio al que alude. Sus velas señalan la luz próxima a aparecer con la llegada del Mesías; y también evocan a la luz, primera criatura creada por Dios en el libro de los orígenes, además de ser nombre mesiánico de Jesús y de sus seguidores (Génesis 1; Juan 8,12; Mateo 5,14). Junto a lo anterior, el color verde de su follaje alude a la vida.

Siguiendo al Directorio sobre la Piedad popular y la Liturgia (Congregación para el culto divino y la disciplina de los sacramentos: 17 de diciembre del 2001) la catequesis actual hace bien en emplear todos estos elementos naturales, folclóricos y con sabor a pueblo, además de inventar otros que favorezcan la comprensión del misterio de la redención y alimenten la fe de los fieles. Por ello, los elementos mencionados atrás presentan a la Navidad como una fiesta de la vida que "agrada" a Dios y "habla" a los creyentes.

Sin embargo, no se trata de caer simplemente en el folclore, sino en lograr ver a Dios en lo tangible del ser humano y de su cultura, con signos que sean capaces de motivar, de hablar, de actualizar la fe y de servir de puente entre la fe y la cultura del pueblo.

Estos elementos, por populares y folclóricos que sean o parezcan, señalan al Dios de los cristianos. Él no es un Señor lejano, sino un Acompañante cercano. ¡Qué mejor que nuestra Navidad no sea fiesta sólo de nieve y con pocos niños; sino solemnidad para cuantos saben ¡cómo nacen los bebés, cómo lloran, cómo se alegran... y cómo unen a la familia y cómo hablan de la belleza de la vida!

TERCERA PARTE

Celebración Litúrgica de la Navidad

Toda celebración es una gran "fiesta" en la que do
mina lo diferente y nuevo, es decir: la gratuidad. En
ella no hay intereses de ganancia sino sólo la solidaridad
en estado puro, el diálogo entre los participantes, la alegría de vivir el momento, el gozo de compartir y un estado de festejo que permite olvidar el ritmo lo caduco y
pasajero generando el deseo de encontrar lo perdurable
y eterno.

Por otra parte, tanto el ritmo como los ritos principales de una fiesta se realizan en un sitio adecuado, con
vestidos y palabras, música y objetos, comida y bebida
especiales. En una palabra, todo interesa en la celebración: ¿Quién celebra? La comunidad; ¿Qué celebra? El
misterio de la salvación realizada en Cristo; ¿Cuándo y
dónde celebra? En tiempos y espacios aptos para la ce-

lebración; ¿Cómo celebra? Con estructuras, leyes, ritmos y dinamismo, que hacen de la fiesta un ambiente apto para el encuentro de Dios con sus hijos. Así, toda fiesta es fruto de fe, intuición y de un proceso de formación

La Iglesia también celebra su culto en forma de fiesta durante su Año litúrgico, formado de tres ciclos: uno de la Navidad que lo comienza; otro de la Pascua que lo define y le sirve de eje; y el del Tiempo Ordinario que los explica, prolonga y madura.

1. El misterio de la Navidad

Muchas personas saben y confiesan que la Navidad es la celebración del nacimiento de Jesús, el Mesías de Dios. Con todo, un menor número conocen sólo cómo funciona ese tiempo especial durante el año litúrgico de la Iglesia Católica, cuáles son sus temas de fondo y cómo es su relación con todo el misterio de la Pascua, con el cual se relaciona y al cual remite.

Cuando en los siglos IV y V se organizó el año litúrgico, los ciclos de Pascua y Navidad surgieron como ejes naturales de todas las celebraciones cristianas. Mientras la Pascua reunió las celebraciones del misterio de Cristo resucitado (pasión, muerte, resurrección, ascensión y Pentecostés), con la Cuaresma como tiempo de preparación, el Ciclo de la Navidad se organizó en torno al misterio de la encarnación de ese Mesías y su epifanía o llegada visible al mundo.

En un primer momento, el Oriente cristiano tuvo la necesidad de celebrar esa aparición mesiánica de Jesús a la que se llamó Epifanía, término ya clásico en la cultura griega para señalar una manifestación, aparición o revelación de lo divino en la historia. Por su parte, las comunidades cristianas de Occidente, con Roma a la cabeza, prefirieron hablar de la Natividad, Navidad o Nacimiento de Jesús como origen de la "epifanía". En otras palabras, mientras los cristianos orientales se fijaron en Jesús como Hijo de Dios, activo con signos mesiánicos y salvadores, a los cristianos de Occidente les atrajo más la idea de celebrar su "bajada a la tierra" o encarnación, esto es, su semejanza con los seres humanos y su presencia activa y efectiva entre ellos para señalar sensiblemente la cercanía de Dios.

Así nació el Ciclo de la Navidad que comprende también tres momentos: el Adviento o periodo de preparación a la Navidad; la Nochebuena y el Día de Navidad, celebración central del misterio de la encarnación; y el Tiempo de Navidad, especie de "tornafiesta" que prolonga la Navidad, gira en torno a la Epifanía y culmina en el Bautismo de Jesús.

El término "adviento", derivado del latín, fue utilizado por los primeros cristianos para incluir a todo ese tiempo de espera del Mesías que los escritos del Antiguo Testamento calificaban como era mesiánica: un tiempo de paz y bendición en el que desaparecerían males y enfermedades de la tierra; una era de bienestar y justicia como nunca se había vivido; y un tiempo de esplendor caracterizado por la abundancia de bienes materiales, longevidad, abundancia de familia, bienestar social y ausencia de la guerra y de cuanto les parecía dañino y ofensivo. Esta es la razón por la que los profetas hablan de ese tiempo esplendoroso con nostalgia e imágenes

2. El Adviento

que evocan los tiempos del paraíso. Por ejemplo, el profeta Isaías alude a la paz que reinará entre los pueblos, a la ausencia de líderes y presidentes adultos, a la presencia de un niño que dirija a los pueblos y al equilibrio en la naturaleza y entre los mismos animales (2,4; 9,1-6; 11,1-9).

De sus espadas forjarán arados
y de sus lanzas, hoces (Isaías 2,4).

Ahora bien, el Adviento que precede a la Navidad tiende precisamente a preparar la llegada del Mesías Jesús, quien cumple esas Escrituras y realiza esa etapa definitiva de la Historia de la salvación. Por esto, el Adviento es el primer período del Año litúrgico de la Iglesia que inicia todo el ciclo de Navidad. Visto desde otro punto de vista, el Adviento señala que la Navidad no es solamente una fiesta de fin de año sino de "inicio del año" y un anuncio de ese período de plenitud que Jesús ha iniciado como Mesías y Señor.

En segundo lugar, el ciclo navideño no puede separarse de la Pascua, de la que es su inicio y un adelanto. Esta forma de pensar en la Iglesia ha originado un saludo común y corriente entre el pueblo: "¡Felices pascuas de Navidad!"

En tercer lugar, el Adviento que prepara a la Navidad durante un período de cuatro semanas utiliza unos acentos de fondo que son como el "estribillo" que marcan su ritmo y su ruta: es un tiempo privilegiado en que los creyentes reviven los episodios proféticos del Antiguo Testamento alusivas a la llegada del Mesías, sobre todo bajo los temas del "retorno a los tiempos del paraíso", "la restauración universal" y "el encuentro definitivo con la verdad, unidad, felicidad y paz", características de los tiempos mesiánicos ya que está por llegar ¡"El que debía venir"!

A partir de su primer domingo, las lecturas bíblicas del Adviento colocan a la comunidad en un estado de espera y actitud de esperanza, con su atención dirigida al Mesías que llega. Para hacerlo efectivo, la Liturgia de la Palabra presenta en las cuatro semanas del Adviento los tipos, figuras, personajes y temas que aluden más directamente a esos tiempos de renovación, o innovación.

Tiempo de tensión y atención

Además, el Tiempo del Adviento se caracteriza por la insistencia con que la Iglesia pide a los cristianos que orienten su mirada también hacia la llegada definitiva de Jesús que la tradición conoce como parusía o segunda y definitiva venida del Señor Jesús. Esta insistencia hace que el Adviento sea una ocasión de dinamismo espiritual de personas y comunidades, en el que sean capaces de dar, entregarse y buscar nuevos ideales; un ambiente religioso para purificar su pasado y adoptar una conducta de disponibilidad y espera gozosa del Día del Señor; y en una palabra, un tiempo útil para la conversión.

Por todo ello, el tiempo del Adviento se convierte en un período de tensión y atención por lo que viene y va a ser. Esto se resume en el grito final del Libro del Apocalipsis, ¡Maranatha!, ¡Ven ya, Señor!

La palabra "Navidad" es contracción de natividad que, por supuesto, se refiere al de Jesús, ocurrido en tiempos del Rey Herodes, en Belén, localidad al sur de Jerusalén, en la Palestina actual. Pero este término de navidad no sólo alude a una determinada fecha en la historia de la humanidad o propia del cristianismo, sino a todo un proyecto de Dios que suena a innovación, inicio, comienzo, empresa (de emprender), proyecto de vida y encarnación en el sentido de acomodarse a lo mejor.

¿Una cueva
o una casa?

Mientras el Evangelio de Lucas afirma que el recién nacido Jesús fue depositado en un pesebre "por no haber lugar para ellos en el albergue" (Lc 2,7), el de Mateo afirma que cuando los magos visitaron a Jesús y María, los hallaron "en una casa" (Mt 2,11).

Para quien conoce el Oriente Medio es fácil comprender que muchas casas actuales (y más aún las antiguas) ocupan cuevas como parte de su propia habitación. Algunos comentaristas pretenden explicar la diferencia entre los dos evangelios, suponiendo que después del nacimiento de Jesús (en la gruta o cueva, sugerida por el "pesebre" de Lucas), la Sagrada Familia se trasladó a la "casa" que propone Mateo.

Esa solución no satisface y la explicación está en otra parte. En Oriente, la hospitalidad es una práctica diaria y obligada. Por ello, al llegar los peregrinos necesitados, alguien debió ayudarlos. Además, siendo originario de Belén y con parientes en el poblado, el buen José no tenía por qué pagar un albergue.

Así pues, las razones para explicar los relatos del lugar del nacimiento de Jesús están en las características culturales e intereses de los evangelistas que hablan a personas contemporáneas con esquemas de su época.

Como Mateo habla a cristianos de origen judío, nunca pudo decirles que Jesús nació en "una cueva" o que fue puesto en un pesebre de animales, a menos que el término "pesebre" signifique también una especie de cuna. Todos sus lectores hubieran puesto el grito en el cielo o habrían dejado de leer su relato, ya que como orientales, sabían bien que José, originario de Belén, tenía el hospedaje asegurado y más todavía ¡con su mujer encinta! Por ello, el Evangelio de Mateo no habla de una cueva o pesebre, sino de magos orientales que lo visitan en una casa y le traen regalos al estilo de la cultura oriental (oro, incienso, mirra).

Lucas, en cambio, habla a helenistas judíos o de origen pagano. El evangelista quiere acercarles al Mesías quien supo convivir con personas pobres, marginadas y tenidas en poco en la sociedad judía o pagana de su tiempo. A él sí le resultó fácil presentarles a un Jesús humilde, venerado por pastores que no eran tan ortodoxos en cumplir las prescripciones de "la ley" (Lucas 2,8-20; 5,12.17; 6,17-19; 7,36 - 8,3;15,1-3; 23,39-43). En resumen: para él, Jesús, ya desde pequeño, vivió entre pobres, siendo pobre como ellos. En este sentido, Lucas no manipulaba los datos de la tradición anterior, sino que los adaptaba a sus nuevos destinatarios y hacía catequesis.

En fin: los evangelistas presentan a Jesús "nacido en Belén" no tanto para darnos una clase de Historia Antigua o de Geografía de Palestina, sino por las razones

Los motivos de Dios

importantes de Dios y útiles para sus destinatarios: para confirmar que Jesús venía a cumplir lo que decían las Escrituras sobre una alejada ranchería (no del Oeste sino del Oriente), cuya importancia no estaba en tener demasiados habitantes como Ciudad de México o Los Ángeles; ni tener un templo como el de Jerusalén, o un Capitolio como el de Roma (Miq 5,1; Is 11,1; Mt 2,1; Lc 2,4-7). Una segunda razón bíblica estaba en querer señalar que el Mesías de Dios iba a ser hijo de beduinos y descendiente de David (Mt 1,1; Lc 1,32-33); y no de Herodes, de César o de algún Presidente del País de las Maravillas.

Palabra de Dios y celebración La Nochebuena y el Día de la Navidad constituyen el corazón del Ciclo de la Navidad. Pero además de las oraciones y antífonas o coros entre el Presidente de la asamblea y la comunidad, la Liturgia de la Palabra ofrece los textos bíblicos más significativos sobre este evento para meditarlos.

Para la misa de la vigilia se ofrecen: Isaías 62,1-5 (anuncio de la gloria de Dios sobre Jerusalén); Hechos 13,16-17.22-25 (resumen del plan de Dios) y Mateo 1,18-25 (formal anuncio del nacimiento de Cristo). Para la Nochebuena se proponen, en cambio: Isaías 9,1-3.5-6 (profecía del niño mesiánico), Tito 2,11-14 (anuncio gozoso de la epifanía de Dios a través del Mesías) y, obviamente, Lucas 2,1-14 (el nacimiento del Mesías).

El Día de la Navidad tiene, a su vez, dos esquemas según se trate de la misa de aurora o de la del día.

Los textos para la misa matutina son Isaías 62,11-12; Tito 3,4-7 y Lucas 2,15-20. Una rápida lectura de ellos señala que su tema central es la epifanía de Jesús como Mesías de Dios. Él es señalado por el profeta del Antiguo Testamento como el testigo del nuevo día que amanece para Jerusalén a la vez que portador de la salvación que anuncia: "Tu salvación ya viene llegando", que le genera en consecuencia cuatro nombres nuevos: "Pueblo santo", "Los rescatados del Señor", "La [comunidad] Rescatada" y "Ciudad no abandonada".

Por su parte, la carta de Tito acentúa el tema de la epifanía del amor y bondad de Dios a través de su Cristo; mientras que el Evangelio de Lucas insiste en la manifestación concreta del Mesías a los pastores y el silencio de José y María ante ese misterio, robustecido con la alabanza a Dios.

En cambio, la Misa del día tiene como lecturas bíblicas Isaías 52,7-10; Hebreos 1,1-6 y Juan 1,1-18 que prolongan los mensajes tanto de la noche como los de la mañana: la llegada del Enviado de Dios en la plenitud de los tiempos mediante la revelación de esta Palabra definitiva de Dios que supera las revelaciones de antaño, proféticas, pero superadas por la encarnación de esa Palabra divina.

4. La Epifanía

En el calendario litúrgico de la Iglesia, la Solemnidad de la Epifanía se celebra el 6 de enero, aunque puede celebrarse ese día o en el domingo cercano para comodidad de los fieles, según las Conferencias Episcopales Nacionales, como en México.

Origen

La Epifanía surgió entre los cristianos orientales, que aprovecharon otra fiesta pagana anterior dedicada a celebrar al dios Sol y para agradecer la luz que daba. Al aplicar ese contenido a Jesús, se apoyaron en textos de la Escritura que se referían a la aparición del Mesías como una "iluminación". Con el tiempo, los antiguos cristianos se fijaron en los momentos en que los evangelios presentan a Jesús dejando entrever su divinidad, o sea en sus revelaciones a los magos venidos de Oriente (Mateo 2,1-11); al ser bautizado en el Río Jordán por Juan Bautista y manifestarse la voz del Padre (Marcos 1,9-11); y al realizar su primer signo o milagro en Caná de Galilea (Juan 2,1-11). Por último, esta fiesta fue también asumida por los cristianos de Roma e incluida en el Ciclo de la Navidad a partir de los siglos V y VI, mientras que en los dos siguientes (VII y VIII), se acentuó la figura de los magos y de los dones que llevaron a Jesús, recién nacido.

Mensajes de la Epifanía

La solemnidad de la Epifanía de Jesús sigue de cerca al tema bíblico más amplio de las teofanías con que Dios hace sentir su presencia dinámica medio de su pueblo. Por ello, los antiguos cristianos de Oriente, sensibles a estas manifestaciones sobrenaturales, veían en el relato de la adoración de los astrólogos o magos orientales a Jesús una ocasión para hablar de Jesús y acentuar el valor de esta fiesta.

Primeramente, los magos proceden de Oriente, lugar que evoca el origen de la luz, de la verdad, la sabiduría y la vida. Es el punto cardinal que alude a la espiritualización, a la meditación y al dinamismo espiritual y místico en oposición al vaivén y a la agitación materialistas del Occidente.

En segundo lugar, los magos llegan a Belén no por una comunicación humana sino por vía de mensaje celeste y astral ("...Hemos visto salir su estrella en el Oriente": Mateo 2,12) y con sus ricas ofrendas calcadas en el Salmo 72,10-11 e Isaías 60,5-6, como para señalar que no traían unos cuantos euros o dólares, sino los dones de los tiempos mesiánicos, cuyo destinatario no podía ser otro que el Mesías de Dios.

Por último, la visita de los magos de Oriente a Jesús señala que la salvación del Señor no es un privilegio para la gente piadosa y buena, sino una invitación que Dios ofrece a todos a través de su Hijo, "encarnado" y no simplemente "aparecido".

En definitiva, el papel de estos paganos piadosos (que no son tres, reyes ni se llaman Melchor, Gaspar y Baltasar, según una piadosa tradición apócrifa) es reto y aviso a la fe de los cristianos: en su sencillez, están más dispuestos a aceptar la revelación de Dios en un recién nacido que el sombrío especialista de la religión, aunque sea sacerdote. Con frecuencia, éste puede convertirse en un manipulador o "técnico de lo sacro", más ocupado en precisar el rito y defender su propia ciencia y certeza teológica que en vivir el sentido, valor y mensaje de lo sagrado en la vida del ser humano.

La llegada de los magos extranjeros ante el Rey Herodes y sacerdotes de Jerusalén y su presencia en Belén de Judá, dan una enseñanza nueva: "el extranjero" debe dejar de ser el desconocido de antes, separado de la comunidad como ajeno o temido por su origen. Ya no es: el personaje misterioso que causa miedo o reser-

Los magos: evangelizadores extranjeros

va; ya no es el enemigo potencial a quien debe evitarse como peligro ambulante; o dudarse de su buena voluntad, de sus costumbres, o culparlo de los males que nos aquejan; ya no es, siquiera, una especie de encarnación demoníaca con poderes ocultos y nocivos; o bien el mensajero de otros dioses e intenciones inconfesables que nos acarrean daño.

Por el contrario, la visita de los extranjeros a Jesús niño los convierte en los primeros "huéspedes" de lo sagrado en la tierra; los mensajeros de un mundo nuevo; y los enviados desde un "más allá" divino, una especie de bendición ambulante como lo fue Abraham (Génesis 12,1-3). En otras palabras, el extranjero se vuelve el símbolo por excelencia de todo creyente, quien arriesga la vida poniéndose en camino y volviéndose ejemplo de esperanza; el extranjero resulta un peregrino que pone en crisis e interpela todos los valores del hombre estático, adormecido y neutro o cerrado a "lo otro", al misterio; y una persona carismática que revela lo olvidado, invita a buscar lo desconocido y sacrifica su propia comodidad y seguridad para contagiar a otros con la verdad de Dios y el dinamismo del Espíritu.

Una epifanía para hoy

El mensaje de las tres lecturas de la Solemnidad de la Epifanía llega como anillo al dedo para despertar al cristianismo del siglo XXI: a los cristianos toca mostrar la alegría mesiánica ante la noticia de la salvación gratuita que Dios ofrece como en su momento tocó al mensajero de la primera lectura (Isaías 60,1-6); a ellos corresponde ofrecerla a otros por ser los misioneros del Enviado, como se señala en la segunda lectura (Efesios 3,2-3.5-6); y tam-

bién éstos están obligados a imitar la fe de los piadosos
paganos que cita Mateo en su evangelio (2,1-12), actitud opuesta al descuido y olvido culpables de los creyentes de nombre y oficio que tienen la Biblia… pero
no saben leerla ni descubrir en ella ni la voz ni los signos
de Dios.

CUARTA PARTE

Otros Ecos
de la Navidad

Muchos cristianos juzgan que la "Nochebuena" se roba toda la cámara en el Ciclo de la Navidad. Aunque eso es cierto ya que esa y el Día de Navidad siguiente son el meollo, eje o centro de todo el período navideño, es también cierto que la Navidad propone otros temas derivados y complementarios que el pueblo conserva y atiende a su modo. Ellos son, sobre todo, el tema de la Providencia Divina a la que los fieles dan gracias el 31 de diciembre o a la que se encomiendan el 1º de enero; el tema de la paz, también evocado en ese mismo día. A la lista podrían también sumarse las fiestas posteriores a la Navidad: la de San Esteban, primer mártir cristiano, testigo del sentido de la Navidad (día 26), San Juan apóstol, mensajero de la Palabra hecha carne (día 27); y los Santos Inocentes, mártires en la persecución de Herodes y sustitutos de Jesús (día 28).

1. Sagrada Familia

La familia es un proyecto de Dios. Esto entendió el pueblo bíblico, sometido a diferentes culturas. Aprendió a vivir por su concepción de familia, y su extensión en el "pueblo". No siempre supo vivir en plenitud estas dos realidades, pero siempre se distinguió en defenderlas como instituciones capaces de centrar al ser humano y darle calor y color a su vida y a su realidad en el mundo.

La familia en algunos textos bíblicos

La humanidad del Antiguo Testamento comienza como familia, unida por un amor y tensión que buscan compañía y dan la vida (Génesis 2,18; 4,1-2), por el desastre culpable de la primer pareja, por el fratricidio de Caín contra su hermano Abel y el intento de rebelión de un pueblo contra Dios (Génesis 3 - 4).

En el Nuevo Testamento, se amplía el tema: Mateo comienza su evangelio hablando de la familia a que pertenece Jesús; Lucas cita a las familias de Zacarías y Ana y de José y María; y ambos concluyen sus obras con los seguidores de Jesús reunidos en familia para hacerse conscientes de su misión y deber de llevar su mensaje a todos, unidos por la esperanza en su pronto retorno.

La visita de los magos orientales y de los pastores a la "familia de Belén" muestra que, por su naturaleza, la familia no puede encerrarse sino que, precisamente por ser expresión del amor de Dios, debe volverse un lugar de encuentro, ocasión en que cada uno de sus miembros aprenda a volverse misionero de la unión y del encuentro, y lugar o ambiente en que se acepta a todos: tanto a las personas humildes, aunque sean pastores, como a los ricos, aunque sean extranjeros, pertenecientes a otra religión y lectores del evangelio de las estrellas.

También el cristianismo surgió como una familia en que las cosas están en común y al servicio de quien las necesita, como proponen los Hechos de los apóstoles (Hechos 2,42-46; 4,32-35; 5,12-16).

Si bien los relatos anteriores parecen a muchos "cuadros ideales y utópicos" o un "socialismo para unos cuantos días", el Nuevo Testamento alude a las "casas" (comunidades domésticas) en que había lazos de unión fraterna, acogida, sencillez y familiaridad (1 Timoteo 3,4-5; Tito 1,11; Hechos 20,20).

Por último y como si lo anterior no bastara, el testamento de Jesús como oración, el Padrenuestro, no es más que una oración de familia, pues todo es común en ella: el Padre Dios, el pan de cada día, el perdón solicitado, el perdón regalado, la tentación dañina y el mal que nos mata.

La Iglesia y la familia

Después del Concilio Vaticano II (1962-1965), la Iglesia ha calificado a la familia como una "pequeña Iglesia doméstica". Algunos documentos bastan para señalarlo. En varios documentos del Concilio Vaticano II, la Iglesia habla de la necesidad de formar a la familia cristiana recordándole su papel en el plan de Dios, su presencia en el mundo, sus obligaciones en el apostolado de la Iglesia y en la sociedad y en la vía que siguen todos los hombres para formar la única familia humana. Así se señala abiertamente en el decreto sobre el apostolado de los laicos (Apostolicam actuositatem 11).

Desde 1980, la Iglesia ha promovido una "Carta de los derechos de la familia" para enviar a los Gobiernos, Organizaciones internacionales e Intergubernamentales y a las mismas familias. El documento, con sus 13 considerandos y 12 artículos sobre esos múltiples derechos de la familia, fue promulgado el 22 de octubre de 1983.

Misión de la Familia en el mundo contemporáneo fue el documento final del Sínodo de los Obispos en 1980. También en este caso, sus 21 puntos y el discurso de clausura del Papa Juan Pablo II forman uno de los más amplios elogios y testimonios del papel de la familia cristiana en la Iglesia y en el contexto de toda la realidad humana.

La Exhortación apostólica "Familiaris consortio" sobre ese mismo tema apareció el 22 de noviembre de 1981. En ella se amplían las perspectivas del Sínodo de 1980 y puede considerarse como un breve tratado sobre la familia.

La "Carta a las familias" de Juan Pablo II (2 de febrero de 1994) fue un testimonio más, en el año de la familia, sobre el interés que la Iglesia tiene en defender sus valores, su realidad y sus acciones.

En su conjunto, todos estos documentos señalan no sólo que la familia (papá, mamá e hijos) forman un núcleo estable y necesario en la sociedad, sino que son, como señala la Carta a los Efesios (5,31-32) el mejor reflejo de la Iglesia misma, el gran misterio que da la imagen de Dios- Familia (Trinidad) y la mejor manera de seguir a Cristo, en grupo, para consolidar la familia de Dios, comunidad y espacio en que realice plenamente su designio salvador ("Padre nuestro, danos, perdónanos, no nos dejes...").

La Iglesia hace coincidir el comienzo del año civil con la Solemnidad de Santa María Madre de Dios. Hay varias razones para ello. El inicio del año es la ocasión propicia para hablar de la bendición con la que Dios quiere proteger a su creación, al mundo y al hombre que lo habita; y proponerles a Cristo, la fuente de toda bendición, quien nos llega por medio de la maternidad de María.

La piedad mariana se desarrolló en la Iglesia desde los siglos II y III, hasta que en el Concilio de Éfeso de 431 se proclamó a María "Madre de Dios". A su vez, los Padres de la Iglesia y los primeros teólogos del cristianismo estudiaron el papel de María en la historia de la salvación; y las comunidades cristianas celebraron su maternidad divina en fechas y lugares diferentes: en territorios franceses, el 18 de enero; en España, el 18 de diciembre; y en Roma, el 1º de enero, aniversario que conmemoramos hoy.

Por otro lado, el tema de la maternidad de María es un eco de la Navidad. Dios no sólo se hace hombre por María sino que, en ella, bendice la maternidad humana, forma concreta en que muestra su protección y su cuidado.

Este tema de la maternidad de María resuena como algo inaudito: Dios no se hace hombre en apariencia o cayendo del cielo como aerolito. Actuando a lo divino, Dios aprovecha la maternidad humana de María de acuerdo a las promesas bíblicas de antaño (Génesis 3,14: "Ella te aplastará la cabeza"; Isaías 7,14: "Una joven esta encinta y va a dar a luz…"; Miqueas 5,2: "…cuando dé a

2. Santa María, Madre de Dios

La fiesta

La maternidad

luz la que debe ser mamá"; y Jeremías 31,22: "…cuando la mujer proteja al varón…").

De este modo, el tema de la maternidad divina de María invita a los cristianos a cuidar la maternidad humana, evitando hacer madres forzadas, esposas discriminadas, hijas infecundas o hermanas de adorno; y a tomar en cuenta la feminidad y maternidad en el sentido bíblico, es decir: como origen y don de la vida, apoyo al hombre en crecimiento y símbolo del amor de Dios. Las diversas lecturas bíblicas de esta fiesta aclaran esta perspectiva.

El Libro de los Números habla de la bendición como forma con que Dios favorece a sus elegidos. Esta bendición es una promesa de bienestar que se cumple al anunciarse; es también providencia concreta y benevolente con la que Dios asiste a los creyentes y les otorga su gracia y paz; es palabra de esperanza que colma las expectativas humanas y muestra los alcances de la salvación; y también, adelanto de eternidad, pues Dios da en señales lo que promete en otros niveles y en otros lenguajes (Números 6,22-27).

Por su parte, Pablo afirma que Jesús, naciendo de una mujer, hace presente el amor de Dios pues libera de lo que estorba a la realidad humana comenzando por la ley; vuelve hijos y herederos de Dios; y entrega su Espíritu para poderlo invocar como "Padre" (Gálatas 4,4-7).

El evangelio, en cambio, ofrece un cuadro casi romántico: los pastores son los primeros testigos del amor visible de Dios; y María, la primera mujer encargada de contemplar ese misterio. Al ver a Jesús en su cuna, aquellos se vuelven sus primeros cantores y misioneros, mientras que la madre inicia su vida de contemplación que culminará al pie de la cruz y en Pentecostés (Lucas 2,16-21; Juan 19,26-27; Hechos 1,14; 2,1).

En fin, la celebración navideña de este día invita a todos a ser un poco "madres", es decir: aprender a guardar en el corazón lo que Dios enseña y revela cada día.

"¡Feliz año Nuevo!" es el augurio que hoy nos damos para señalar una etapa de tiempo que esperamos próspera y nueva. Pero esta prosperidad y novedad son miradas por la Liturgia como signos de la Providencia divina que se asoma sobre el tiempo y el mundo del hombre bajo el signo de la solidaridad de Dios con la humanidad, una bendición con letras mayúsculas.

3. La Providencia, lado materno de Dios

Mientras la liturgia nos lleva a celebrar a María como Madre de Dios y nuestra, la piedad del pueblo nos hace invocar a la Providencia divina como causa de nuestro bienestar y realidad en el mundo y para aprender que la vida es una realidad bendita que debemos cuidar y cultivar. En tal sentido, la providencia de Dios se presenta de dos formas: como previsión o preocupación en favor de cada uno de los seres humanos; y en forma de predisposición con que el Señor nos da a conocer su voluntad y se adelanta a nuestros interrogantes y a nuestras necesidades humanas.

El cariño, cuidado o providencia de Dios para la humanidad se manifiesta no como una lluvia de milagros, bolo o lotería, sino como "bendición", cercanía y convivencia. Si esto hace Dios para el hombre, lo mismo debe hacer éste por su hermano: participarle su bendición y volverse "Providencia de Dios" para los demás como lo pidió a Abraham.

Este tema del cuidado de Dios es propuesto por la liturgia en la primera lectura de la misa con la bendición de Moisés. Su texto es muy expresivo: "El Señor te bendiga y te proteja, haga resplandecer su rostro sobre ti y te conceda su favor. Que el Señor te mire con benevolencia y te conceda la paz",

En este texto aparece la sonrisa, protección misericordiosa y la complacencia de Dios evidente en la vida del creyente en los signos de la salud, el bienestar, compañía de los hombres o bien como prueba, impotencia ante los propios proyectos y conciencia de su limitación y humanidad. Toda la tradición del Antiguo Testamento la llamará "bendición" (Génesis 12,1-3) y la del Nuevo, "bienaventuranza" (Mateo 5,1-12).

Gestos del pueblo Cuando el pueblo quiere señalar que ha recibido la bendición divina o también que ha sido visitado por la providencia divina prende velas, va al templo para agradecer el favor recibido, da una limosna como signo de lo que le ha sido dado y se pone en actitud de agradecimiento. Para eso sirven las 12 velas que lleva al templo el 31 de diciembre o las que lleva a bendecir el primero de enero de cada año.

Bendecir, bendición y bendito Si bendecir es encaminar a las personas, cosas, espacios y eventos hacia el mundo de Dios, y quedar bendecidos significa recibir una vocación especial y definitiva con la que Dios nos señala para nuestra misión en el mundo y entre los hombres, desde el 1° de enero los cristianos somos invitados a repartir esa bendición con que Dios nos señala así como una vez lo hizo con Abraham, su siervo fiel: "Sal de tu tierra… ve a la tierra que te mostraré… y tú mismo serás una bendición para los demás" (Génesis 12,1-2).

Este es precisamente el mensaje que esconde el nombre de Jesús, mismo que la tradición de la Iglesia también recuerda y celebra en este día. Al recordarlo, tanto en su forma mesiánica de Emmanuel ("Dios con nosotros") como en la de Jesús ("El Dios que salva"), siguiendo a la tradición y mentalidad bíblicas, los cristianos se ponen bajo su protección y hacen un acto de fe en su significado confesándose los mensajeros del Emmanuel, los seguidores de Jesús y, por ello, llamándose "cristianos" como una vez se les comenzó a llamar en tierras paganas (Hechos 11,26).

Esto es también lo que significa el "bienaventurados" de las llamadas bienaventuranzas con que el mismo Jesús llamó a sus seguidores al principio del "Sermón de la montaña" el cual es el proyecto de todo el evangelio (Mateo 5,1-12).

4. Jornada de la paz

La paz está en labios de todos y nosotros deseamos que inestabilidad, incomprensión, malentendidos y más todavía, el rencor, el odio, la guerra y la muerte sean desterrados definitivamente de la mente, de la intención y del corazón del hombre. Todos queremos la paz, pero ésta no es una flor que crece en cada jardín, sino una meta por lograr, ideal que podemos esperar y regalo de Dios que debemos buscar. También la Iglesia habla de paz, ora al Dios de la paz e invita a buscar la paz como el don mesiánico que en la Escritura se promete a todos los creyentes.

La paz de los filósofos

Aunque con frecuencia se entiende a la paz como ausencia de guerra y tranquilidad, los filósofos griegos y romanos la interpretaban ya como un estado de orden y derecho del que dependían tanto el bienestar como la estabilidad y el progreso. Los filósofos como Platón la entendían como una actitud de benevolencia; en cambio, Epicteto y Marco Aurelio la consideraban una condición o estado del alma del que derivaban el equilibrio externo y la vida armoniosa de la persona. Por su parte, los políticos de hoy consideran que los buenos deben imponerla a los demás, por la buena o por la mala, para cuidar el propio "way of life".

La paz del Primer Testamento

En los escritos del Antiguo Testamento, la paz es, primeramente, un elemento de todo saludo a la persona o un testimonio de despedida. La finalidad de este saludo es interés por la salud, bienestar, estado de ánimo y equilibrio afectivo de aquel a quien se saluda (Génesis 26,31; 43,23; Jueces 18,6). En otro sentido, es augurio de prosperidad, la cual no es producto de esfuerzo humano sino un regalo y bendición divina. En este sentido, abarca los aspectos de seguridad, quietud, tranquilidad, libertad de preocupaciones y serenidad (1 Crónicas 4,40; Job 11,18).

En otro sentido más religioso, la paz bíblica es alejamiento de todo desequilibrio que va contra la seguridad de la persona y de la comunidad y, por lo tanto, va de la salud y la felicidad física de alguien hasta la redención y salvación de todos (Jueces 4,17; Salmo 73,3; Jer 14,139).

Las diferentes situaciones de desastre del antiguo Israel llevaron a sus pensadores a entender la paz como un bien mesiánico, competencia del Mesías que vendría a poner todo en su lugar y como un retorno al paraíso perdido. Por ello, la concibieron como un conjunto de bienes tanto materiales como espirituales, representados con los términos luz, gloria, salvación, dicha futura y felicidad (Isaías 9,5-6; 11,6-9; 29,17-24; 62,1-9).

Algunos textos del Nuevo Testamento asumen la paz con las características que tenía en el Antiguo. La paz, entonces, es un cúmulo de bienes reales, prosperidad, bienestar y salud (Lucas 11,21; 24,36; Hechos 12,20; Gálatas 5,22).

La paz en el Nuevo Testamento

Un adelanto considerable se dio al proponer la paz como don divino (1 Corintios 14,33; Romanos 15,13.33; Filipenses 4,9) y más aún, unida al amor, a la gracia, a la vida por excelencia (1 Corintios 13,11; Filipenses 1,2; Romanos 8,6) y también al oponerse a la tribulación y a toda forma de muerte (Juan 16,33).

Con todo, la paz se convierte en una bienaventuranza que alcanza al justo y al seguidor auténtico de Jesús y del evangelio. En tal sentido se manifiesta como fraternidad entre los seres humanos y como trato digno de los humanos a Dios (Marcos 9,50; 2 Corintios 5,17; Romanos 15,13).

El término adelanta un poco más al ser considerado como un equivalente del evangelio y esencia del mensaje cristiano (Hechos 10,36; Efesios 2,17); sobre todo, cuando se afirma que Jesús mismo es la Paz que Dios establece entre Él mismo y su pueblo.

En suma, la paz se vuelve un título de Cristo y equivale a la reconciliación y perdón que Dios concede a su pueblo (Lucas 2,14; 19,38; Juan 14,27; Efesios 2,14-18;

Colosenses 1,20; Romanos 5,1). Desde el punto del Nuevo Testamento, la consecuencia final será instaurar un tiempo de paz absoluta … pero al estilo de Dios (Mateo 5,9).

La paz de la Iglesia   La liturgia católica acentúa el valor de la paz, porque ésta es el ambiente que el anuncio de Cristo debe crear. Por ello, uno de los ritos más significativos durante la celebración eucarística, antes de comulgar, es el llamado "rito de la paz". Con éste, se invita a toda la asamblea a experimentar la reconciliación que Dios ofrece y, materialmente, a vivir lo que Cristo sugiere al cristiano: "Si llevas tu ofrenda ante el altar y al estar para hacerla te recuerdas que tu hermano tiene algo contra ti… deja ahí tu ofrenda ahí y ve, primero, a reconciliarte con tu hermano; y, luego, ya en paz con él, vuelve a ofrecer tu ofrenda" (Mateo 5,23). Lo que no se hizo ayer puede realizarse hoy.

Otra medida con que la Iglesia se ocupa del tema de la paz es el establecimiento del 1º de enero como "Jornada mundial por la paz". Los cristianos oramos porque todos los seres humanos no sólo dejen de hacerse mal unos a otros, aprovecharse unos de otros o estar bien sólo algunos, sino para que todos aprendamos a ver la imagen de Dios en cada uno y a tratarlo como tal.

Por ello, la paz no es cosa o tiempo que llegará peleándonos por ella o con los brazos cruzados, sino aceptación de un regalo que se nos ha prometido, pero que tenemos que aprender a pedir, a buscar, a esperar y encontrar.

Esta es la última fiesta del Ciclo y de todo el Tiempo de la Navidad. En ella se celebra el bautismo de Jesús pero no como necesidad para obtener el perdón de faltas, que Jesús no tenía, sino como un signo de su solidaridad con la humanidad de la que forma parte, y ocasión en que Dios lo revela como Mesías, su Hijo y Aquel que debe ser escuchado como requisito para recibir la salvación.

Hay situaciones en que los seres humanos aprenden a vivir cada quien por sí mismo e independientemente de los demás o, mejor dicho, con y entre ellos. Cuando el niño da sus primeros pasos, deja en claro que puede alejarse de la madre; cuando dice sus primeras palabras no necesita ya traductores para sus balbuceos; cuando aprende, alcanza a sus instructores; y si define su carrera y se casa… es "alguien". Lo mismo sucede cuando un cristiano recibe el bautismo: es salir de sí mismo; una especie de ruptura del núcleo familiar y apertura al ambiente exterior; toma de conciencia de sí en medio de la comunidad a la que se pertenece; despegue de lo mío hacia "lo nuestro; crecimiento e inicio de vida común; descubrimiento de la ruta e identidad que traza el Espíritu de Dios a cada quien. Esto señala la Fiesta del bautismo de Jesús.

Los textos litúrgicos

Como cada domingo y solemnidad, la Fiesta del Bautismo de Jesús tiene tres lecturas. Cada una y las tres en su conjunto dan la pauta del tema festivo. Miradas en conjunto, las lecturas pueden resumirse de la siguiente manera.

Un profeta anónimo, que escribe bajo el nombre de

Isaías, presenta la figura solemne del "Servidor de Dios". Es tranquilo; no necesita gritar para comunicar los mensajes de Dios; se preocupa de quien puede levantarse aunque parezca rama quebrada o tizón humeante; no titubea ni se echa para atrás a la hora de desempeñar su función de maestro y autoridad que propone la justicia divina. En una palabra: es fiel a Dios y, por ello, enteramente consecuente con la humanidad a la que puede invitar a buscar a Dios mientras pueda encontrarlo (Año A: Isaías 40,1-5.9-11; B: 42,1-4.6-7; y C: 55,1-11).

Los textos de la segunda lectura son unánimes al presentar al bautismo cristiano como elección y entrega del Espíritu Santo a los fieles. Esto significa que el creyente no es simplemente un agregado más a la comunidad cristiana, sino un testigo cualificado del la fuerza del Espíritu de Dios, un signo y una imagen de lo que Dios hace en quien sabe escucharlo (Año A: Hechos 10,34-38; Año B: Tito 2,11-14; 3,4-7; y Año C: 1 Juan 5,1-9)

Los evangelios que la Liturgia utiliza para el bautismo de Jesús presentan al Espíritu de Dios señalando a Cristo como el indicado para llevar adelante el designio de Dios. Por ello, no basta que se hunda en el agua para innovar su vida, sino estar lleno de Espíritu para realizar esa misión. Ahora bien, Dios confirma esa elección al llamar a Jesús "Hijo" y darle la ocasión y libertad para ordenar el mundo de acuerdo al plan previsto (Año A: Mateo 3,13-17; Año B: Marcos 1,7-11; y Año C: Lucas 3,15-16.21-22).

Lo mismo puede decirse de cada cristiano. Al recibir el bautismo, el creyente es elegido para servir. Por desgracia, no todo cristiano comprende su misión: uno trata de evitarla como si el servicio fuera algo impropio y denigrante; otro busca la forma y ocasión para mandar sobre otros y mostrar que servir es "poder"; alguno más asegura servir aunque, en realidad, cobra "muy caro" sus servicios, por ser especialidad que otros no tienen; y, por último, está quien cree que sólo su servicio es necesario, pues, de no intervenir, el mundo no podría ir adelante o se podría caer.

El enfoque de Jesús

El bautismo de Jesús invita a tomar en serio el bautismo de los cristianos: Dios no los ha elegido para presumir su elección sobre otros, sino para ejercerla con gracia y con poder ayudando a los hermanos: "Pónganse a curar enfermos, a resucitar muertos, a dejar sin marcas a los leprosos, a echar fuera a los demonios; y den gratis lo que gratis han recibido…" (Mateo 10,8).

6. La Candelaria

Aunque el pueblo celebra con particular fervor e intensidad la Candelaria, Fiesta de la Presentación de Jesús (2 de febrero), que considera culmen de la Navidad, la Liturgia más bien propone con ésta un remanso y momento de quietud entre los ciclos de la Navidad y el de la Pascua, señalando la misión de Jesús entre los judíos.

Así como la Epifanía estaba centrada en la misión de Jesús a los paganos, ocultos tras los "Magos de Oriente" (Mateo 2,1-12), esta segunda fiesta celebra una nueva epifanía a su propio pueblo, como señala el relato de Lucas (2,22-39), al ser llevado al templo y encontrarse con dos venerables ancianos: Simeón, el sabio y prudente profeta que calla siempre y habla cuando es necesario; y Ana, la también anciana matriarca, piadosa y devota del templo, centro de la vida del antiguo Israel.

La candelaria, "fiesta de las velas", por las utilizadas en una antigua tradición originada en el Oriente cristiano desde el siglo IV en consonancia con textos bíblicos (Lucas 2,22-40; 1 Samuel 1,24-28; Números 3,47-48; Éxodo 13,2-16; y Levítico 12,2-8), fue llevada a Roma por el Papa Sergio I a final del siglo VIII.

La actual Liturgia le ha devuelto su sentido cristológico, manifestación de Cristo, en vez del acento demasiado mariano que la tradición anterior había dado a la purificación de María hasta el Concilio Vaticano II.

Los textos bíblicos de la celebración eucarística para esa fiesta lo dicen todo (Hebreos 2,14-18 o Malaquías 3,1-4; y Lucas 2,22-40): Jesús viene a animar con su presencia y no a deslumbrar con su omnipotencia, pero también a señalar que el templo no tiene ya el sentido de antes ni lo es todo. Ahora se trata del nuevo templo de Dios al que deben acceder judíos y extranjeros y que ahora ha llegado la era de la gracia sustituyendo al tiempo del pormenorizado cumplimiento de la ley.

Pero además, y este es uno de los mensajes principales de la fiesta, Jesús se revela a dos ancianos, síntesis de la vida humana, serenos por la experiencia de lo mejor de la vida o anquilosados y petrificados en sus frustraciones.

Por ello, aunque la candelaria del pueblo sigue fijándose en "vestir bien" al Niño Dios para que asista a Misa y sea bendecido, la Liturgia recomienda la meditación del texto bíblico de este día y en los destinatarios, los adultos, mayores y ancianos, testigos de la última epifanía de Jesús niño: "Luz que ilumina a los no creyentes y gloria de su pueblo" (Lucas 2,32).

Anexos

B elén es un poblado de Judá a 9 kilómetros de Jerusalén. El nombre puede significar "Casa o lugar del pan o de la comida", "Lugar de lucha" o bien "Habitación del dios Lahmu". Se le cita en el Antiguo Testamento como patria y sepultura del juez Ibsán (Jueces 11,8-10), escenario de los acontecimientos que relata el Libro de Rut y patria del rey David (1 Samuel 16,1-13; 17,12). En el siglo IX antes de Cristo el rey Jeroboam lo fortificó (2 Samuel 23,14-16) y, en el siguiente, el profeta Miqueas lo señaló como futura patria del Mesías (Miqueas 5,1-5).

1. Los lugares santos de Belén

En el Nuevo Testamento se le recuerda como lugar del nacimiento de Jesús (Mateo 2,1-16; Lucas 2,4-15). A partir de entonces, se ha convertido en lugar de peregrinación y culto cristianos.

La localidad sufrió las consecuencias de la destrucción de Jerusalén por los ejércitos de Vespasiano y Tito (años 68-70). Posteriormente, en su lucha contra los judíos (año 135), el Emperador Adriano introdujo en ella el culto al dios Adonis (Tamuz) en una gruta ya venerada por los cristianos y sobre la misma plantó un bosque. Esta situación duró hasta la llegada de Constantino (313), quien favoreció a los cristianos e inició la construcción de una Basílica (326).

La localidad fue devastada nuevamente durante la insurrección de los samaritanos en el 529; fue respetada parcialmente por los persas durante su invasión en el año 614; y sufrió el hostigamiento de los musulmanes después de la llegada de los Cruzados y más con su derrota en el 1187. A partir de entonces, la localidad sufrió las vicisitudes históricas del Medioevo, dominio turco, mandato inglés y confrontación entre judíos y árabes de la mitad del siglo pasado hasta el presente.

Basílica de la Natividad La primera Basílica para conmemorar la Natividad de Jesús fue construida con auspicio del emperador Constantino sobre el lugar de culto al dios Tamuz-Adonis, conservando debajo del presbiterio la gruta de la natividad. La obra se inició en el 326 y se concluyó con la consagración del santuario el 31 de mayo de 339, estando presente Santa Elena.

En el año 529 el Emperador Justiniano mandó construir una segunda basílica sobre los trazos de la anterior, destruida por los samaritanos. Esta ha perdurado hasta hoy con retoques de los Cruzados (siglo XII) y dos restauraciones del techo (siglo XVII y 1842).

Debajo del presbiterio está la gruta de la natividad, una cavidad rectangular de unos 12 metros de largo por 3.50 de ancho. A ella se llega por dos escaleras que descienden desde los lados del presbiterio de la basílica superior. Debajo de un pequeño ábside se encuentra un altar; al pie de éste, una estrella de plata señala el lugar del nacimiento de Cristo. A un lado de la gruta se encuentra otra cavidad menor en donde - se supone - estuvo el pesebre.

Esta gruta se ha conservado en buen estado, aunque se encuentra ahora ennegrecida por el humo de velas y el frotamiento piadoso de sus paredes por los millones de peregrinos que acuden a venerar el lugar.

Gruta de la Natividad

Fue construida por los Cruzados en el siglo XII y ha sido reacomodada en diversas ocasiones hasta la restauración más reciente dirigida por A. Barluzzi en 1948. En ella se celebra anualmente la Eucaristía solemne de Nochebuena presidida por el Patriarca de Jerusalén.

En una capilla lateral de esta Basílica se guarda para la devoción de los fieles la imagen tradicional del llamado "Niño de Belén", imagen utilizada en el culto y evocadora de todo el misterio de la Navidad.

Basílica de Santa Catalina

Aledañas a la Gruta de la Natividad, hay otras grutas. En estas vivió San Jerónimo con algunos monjes en los siglos IV y V y ahí tradujo los textos de la Biblia hebrea al latín, a la que se conoce como Vulgata. Actualmente, una gruta está dedicada a San José; otra a los Santos Inocentes; una más conserva los cenotafios de las San-

Grutas de San Jerónimo

tas Paula, su hija Eustoquio y San Eusebio de Cremona, compañeros de San Jerónimo; y en la última se recuerda la estancia de este santo y su trabajo de traductor.

Campo de los pastores   En una localidad cercana a Belén (Beit Sahur) se recuerda la aparición de los ángeles a los pastores para anunciarles el nacimiento de Cristo. En el lugar pueden aún verse los restos de un antiguo monasterio de los siglos V-VII, testigo de la devoción antigua a ese recuerdo evangélico. Actualmente, una gran capilla, construida por el arquitecto A. Barluzzi en 1953, en forma de tienda de beduinos, evoca el mensaje de Dios a los pastores de Belén (Lucas 2,8-20).

Gruta de la leche   Cerca de la Basílica de la Natividad hay una capilla en la que se recuerda la permanencia de María con el niño Jesús. De acuerdo a la misma piadosa leyenda, una gota de la leche de María habría caído en la roca de la gruta y ésta se habría vuelto blanca (color del tepetate local, del que está hecha). A ella acuden las piadosas mujeres de Belén, cristianas y musulmanas, para pedir a María leche abundante para alimentar a sus criaturas.

2. Los evangelios apócrifos   Con frecuencia se ve a la literatura apócrifa en general y a los evangelios apócrifos en particular como una desviación fantástica de los evangelios canónicos e inspirados de Mateo, Marcos, Lucas y Juan. Nuestro criterio debería ser más ortodoxo y prudente si se considera que se trata de una literatura popular que, en su momento, intentó aclarar y responder a las dudas de los cristianos de los primeros siete u ocho siglos.

Ciertamente, todos esos escritos tienen numerosas leyendas, datos inciertos, noticias y nombres no históricos o poco confiables. Sin embargo, también representan uno de los primeros desarrollos de la llamada "Piedad popular" de esos siglos, que caminó en forma paralela a la teología y liturgia oficiales.

Dejando aparte los Apocalipsis o revelaciones con variados tonos esotéricos y los libros apócrifos sobre los apóstoles y la vida pública de Jesús, las tradiciones apócrifas de la infancia de Jesús niño son ingenuas y llenas de colorido. Tratan las peripecias de María antes, en o después de su parto, de camino a Belén, misterio del nacimiento de Jesús en una cueva, constatación de la virginidad de María por las obstetras del tiempo, los nombres de personajes que tomaron parte en los acontecimientos que los evangelios canónicos no reportan, numerosas anécdotas sobre Jesús bebé que habla o bendice, abundancia de lo sobrenatural por todas partes, pequeños gestos y travesuras de Jesús niño o confesión abierta de su papel de Mesías, curando enfermos y adelantando algo de su futura actividad.

Estas narraciones surgieron para reforzar a los textos evangélicos y no para sustituirlos, para reforzarlos y no para enmendarlos. Fueron obras del pueblo que resultan retrato de sus inquietudes, ocupaciones, aspiraciones y preocupaciones.

La atención respetuosa a sus intereses palpará su "sabor pueblerino", típico de Navidad y, evidentemente, alejado de nuestra teología formal, a veces, dura e intolerante.

Entre los testimonios más sobresalientes de este género se cuentan: Protoevangelio de Santiago, La Infancia del Salvador, El Evangelio del Seudo Mateo, Evangelio de Tomás, Evangelio árabe de la infancia del Salvador y la Historia del Carpintero José.

Bibliografía

ACQUISTAPACE P., Guía bíblica y turística de Tierra Santa. Ed. Instituto Propaganda Libraria, Milán, 1992

ALDAZABAL J., Gestos y símbolos. Ed. Centro de Pastoral litúrgica, Barcelona, 1992

ALDAZÁBAL J., Vocabulario básico de Liturgia. Ed. Centro de Pastoral litúrgica, Barcelona, 1994

BALDI D., Guía de Tierra Santa. Ed. Custodia de Tierra Santa, Jerusalén, 1965

BAUMSTARK A., Liturgia comparada. Ed. Chevetogne, Chevetogne, 1953

BERNAL J. M., Iniciación al año litúrgico. Ed. Cristiandad, Madrid, 1984

BOROBIO D., La celebración en la Iglesia. Ed. Sígueme, Salamanca, 1985 (Vol. 1) y 1990 (Vol. 3)

BROWN R. E., El nacimiento del Mesías. Ed. Cristiandad, Madrid, 1982

CHEVALIER J., Diccionario de símbolos. Ed. Herder, Barcelona, 1986

CIRLOT J.-E., Diccionario de símbolos. Ed. Labor S.A., Barcelona, 1992

CULLMANN O., El origen de la Navidad. Ed. Studium, Madrid, 1973

DANIELOU J., Sacramentos y culto según los S Padres. Ed. Guadarrama, Madrid, 1964

DIEZ F., Guía de Tierra Santa. Ed. Verbo Divino y otras, Madrid, 1990

ELIADE M., Imágenes y símbolos. Ed. Taurus, Madrid, 1979

GARRIDO BONAÑO M., Curso de Liturgia romana. Ed. Católica, Madrid, 1961

GUARDINI R., Los signos sagrados. Ed. Litúrgica Española, Barcelona, 1965

HAMELIN J., El teatro cristiano. Ed. Casal i Vall, Andorra, 1959

KIRCHGÄSSNER A., El simbolismo sagrado en la Liturgia. Ed. FAX, Madrid, 1963

LUGO SERRANO F., Navidad. Respuesta de fe y amor. Ed. Instituto Bíblico Católico, Guadalajara, 1988

MARTIMORT A. G., La Iglesia en oración. Ed. Herder, Barcelona, 1967

MORALDI L., Apócrifos del Nuevo Testamento. Ed. Utet, Turín, 1971, Volumen 1

PARRA SANCHEZ A. T., Diccionario de Liturgia. Ed. Paulinas, México, 1997

PARRA SÁNCHEZ A. T., Celebrar y vivir la Palabra. Solemnidades y Fiestas. Ed. Dabar, México, 2001

PASCHER J., El año litúrgico. Ed. Católica, Madrid, 1965

RAVASI G., El misterio de Navidad. Ed. Paulinas, Madrid, 1986

RIGHETTI M., Historia de la Liturgia. Ed. Católica, Madrid, 1955, Vol. 1

SARTORE D. y otros, Nuevo Diccionario de Liturgia. Ed. Paulinas, Madrid, 1987

VAGAGGINI C., El sentido teológico de la Liturgia. Ed. Católica, Madrid, 1959

Liguori anuncia otro título del mismo autor...

¡Oiga! Déjeme hablarle de Cuaresma y Pascua
Abundio Parra Sánchez

Este libro pretende favorecer y motivar la experiencia personal y communitaria de los cristianos latinos en torno al misterio pascual. El simbolismo de los ritos, los textos y elementos naturales está resaltado a fin de que una persona o grupo de personas entiendan la base histórica de nuestra fe católica. Hay un énfasis en la Pascua y sus raíces judías, el ciclo litúrgico y la importancia de la Semana Santa y el Triduo Santo. También el autor pone atención a los lugares que nos hacen recordar que nuestra fe está basada en el Dios que se hizo hombre.
$5.95 • ID # 72810

Puede ordenarlo por correo a
Liguori Publications
One Liguori Drive, Liguori, MO 63057-9999
Incluya un 15% del total del importe de su compra
para gastos de envío (mínimo $3.50, $15.00 máximo).
También puede ordenar por teléfono al 1-800-325-9521
y pagar su compra con tarjeta de crédito.